꿈 한 켤레

김수현 두번째 시집

꿈 한 켤레

초판 1쇄 인쇄일 | 2025년 9월 1일
초판 1쇄 발행일 | 2025년 9월 5일

지은이 | 김수현
펴낸이 | 맹경화
펴낸곳 | 도서출판 푸른산
디자인 | 단청
그　림 | 김보현, 김수현

등록 | 제 301-2013-107호
주소 | 서울시 중구 을지로18길 25-2 302호
TEL | 02-2275-3479
FAX | 02-2275-3480
E-mail | csmac69@hanmail.net

이 책자는 저작권법에 의해 보호를 받는 저작물로
저자와 출판사의 허락 없이 내용의 일부를 인용하거나
발췌하는 것을 금합니다.

- 책 가격은 뒤 표지에 표시되어 있습니다.
- 지은이와 협의에 의해 인지는 생략합니다.
- 잘못된 책은 교환해 드립니다.

김수현 두번째 시집

꿈 한 켤레

푸른산

시인의 말

   십 대의 나는 교실 창문 너머를 바라보는 작은 시인이었다. 몸은 자유롭지 않았지만, 마음만은 창문 밖으로 멀리 날아갔다. 그러나 그곳은 '충분한' 세상이 아니었다. 늘 외로웠고, 바깥세상이 그리웠다. 건강하게 뛰어다니는 아이들이 부러웠고, 그 마음을 시로 적으며 하루를 버텼다.

   나는 CMT라는 이름의 병과 함께 태어났다. 걷고 뛰는 일은 힘들었지만, 글을 쓰고 시를 쓰는 발걸음만큼은 멈추지 않았다. 공부와 병원 치료가 뒤섞인 시간이었지만, 그 속에서도 시는 나를 지켜주는 작은 창문이자 숨이었다.

   세월이 흘러 성인이 된 지금, 두 번째 시집을 세상에 내놓는다.

중·고등학교 시절의 시들이 풋풋한 첫 책이었다면, 이번 시집은 그 이후의 시간과 고백을 담은 또 하나의 모습이다.

나는 여전히 병원에 다니고, 집에서 공부하며 하루를 보낸다. 하지만 그 하루들이 모여 시가 된다. 몸은 자유롭지 않지만, 마음은 누구보다 멀리 간다. 나를 가로막는 벽이 많아도, 나는 그 벽을 시로 채운다.

앞으로도 나는 '시인'이라는 이름으로 살아가고 싶다. 걸음은 작고 느리지만, 분명히 나아간다고 믿는다. 시를 쓰는 한, 나는 어디에서든 자유로울 것이다.

2025년 가을

차 례

시인의 말 • 5

제1부
그림자 별

참 잘 고장 나는 장난감 — 13
그림자 별 — 16
여수 가는 길 — 18
넘어진 자리 — 20
발목의 노래 — 23
언니에게 — 24
아픔이 나를 간질일 때 — 26
단단한 척 — 28
꿈 — 30
눈물의 씨앗 — 31
검은 미소 — 32
마법의 그네 — 33
꿈 — 34
의사 놀이 — 35
커다란 사랑 — 36

제2부
꿈 한 컬레

고무줄에 묶인 나 — 39
넘어져본 사람은 — 40
일어설 수 있다고 — 41
장마 — 42
나는 약해도 — 44
내가 만난 기쁨 — 46
주님께 드리는 내 마음 — 48
나는 하나님의 선물이에요 — 51
여름 발바닥 — 53
하얀 샌들 — 54
소중한 한 표 — 55
꿈 한 켤레 — 56
무지개 빛 — 57
치토스의 오후 — 58
넘어지는 연습 — 60
바다 위의 바람 — 62

제3부
내 안에 작은 빛

아픔이 좋아 — 65

춤추는 발목 — 66

우리의 선택 — 68

꺾인 나무 — 70

내 안에 작은 빛 — 72

그리운 그대에게 — 74

소호동동 다리에서 — 76

함께 걷는 길 — 77

친구를 기다리는 벤치 — 78

울지 마, 그네야 — 80

우주 — 82

꽃이 피듯 — 84

**제4부
길 위에서**

미용실 — 89
여행을 떠나리 — 90
수다 — 92
겨울방학 — 94
친구야 — 96
길 위에서 — 98
파도소리 — 99
외계인 — 100
샤워 — 102
가족 — 104
나는 내가 좋다 — 106
분노 — 107
구원 — 110
사랑 — 112
커다란 사랑 — 114
여름과자 — 115
시장에 갔더니 — 116

제1부

그림자 별

참 잘 고장 나는 장난감

난 걸어
웃긴 모습으로

사람들은 말해
'귀엽다'
'특별하다'
'용감하다'

두 발과 다리엔
꽃이 피지 않고
손끝은 내 것이 아니야

그래도 괜찮아
남들은 아프면 울지만
나는 웃어
연습했거든

의사는 말해
'조금씩 망가질 거예요'

선생님은 말해
'그래도 예쁘게 웃어야 해요'

나는 생각해
망가지는 것도
가끔은 재밌어
퍼즐처럼
한 조각씩 빠지면
세상은 더 쉬워질까?

오늘은 방에서 넘어졌어
다들 놀랐지
나는 웃었어
그게 내가 살아 있다는
증거니까

아픔은
포장만 잘하면 선물이야
눈물은

반짝이면 별이지

나는
참 잘 고장 나는 장난감
그래도
누군가는 말할 거야
'그래도 잘 버텼네'

그림자 별

내 다리는
구겨진 종이처럼
펴지도 접지도 못해

바람만 스쳐도
산산이 부서지는
유리 같아

나는 걷는 게 아니야
매 순간
절벽 끝을 딛는 거야

세상은 내게
경보음 같아
계절마다 부러지는
연약한 나뭇가지

의사는 말하지
'천천히 진행되는 병'이라고

하지만 나는
매일 내 몸이
무너지는 소리를 들어

이 병은 괴물이야
날갯짓조차 막는
투명한 족쇄처럼
온몸을 조여 와

보이지 않아서
더 무서운 병
CMT

여수 가는 길

가슴 한쪽에
바다를 품고
차창 밖엔
연푸른 숲빛이 번진다

달리는 차선을 따라
마음은 춤을 추고
무지갯빛 하늘에
'여수' 두 글자만 떠올려도
발끝이 들썩인다

창가에 스치는 풍경도
상쾌하고 반갑다
줄지어 달리는 자동차들,
모두 바다로 향하는 걸까
쌩쌩 스치는 바람소리마저
푸른 물결 소리 같다

엄마의 목소리에도
달달한 여행이 스며 있고

여수의 밤바다 불빛을 그리면
가슴속 설렘이 춤을 춘다

그리움조차
여행이 되는 곳,
여수—
너는 이미
내 안의 노래

넘어진 자리

남들은 뛰어가는 길을
나는 기도로
한 걸음씩 나아갑니다

넘어짐은 일상이고
통증은 하루의 그림자지만
주님은 그 속의 빛으로
찾아오십니다

"내 은혜가 네게 족하다"
그 말씀 하나 붙들고
흔들리는 다리 위에
믿음의 뿌리를 내립니다

사람들은 나를
연약하다 말하지만
주님은
강하다 말씀하십니다

아픈 삶이지만

나는 찬양합니다
약함 위에
그분의 능력이 머물기 때문입니다

눈물로 적신 밤들
침묵으로 드린 기도
그 모든 순간이
주님의 시가 되어
내 안에서 울려 퍼집니다

나는 CMT를 지녔지만
그보다 더 크신
하나님을 믿습니다

병이 나를 규정하지 못하고
오늘도
주님의 시선으로
나를 바라봅니다

걸음은 느려도
믿음은 멈추지 않습니다

천국까지 가는 이 길
주님과 함께 걷는다면
그것만으로
충분합니다

발목의 노래

양쪽 발목이
춤을 춘다

삐긋
삐거덕
툭

소리는 노래
통증은 리듬

길은 무대가 되고
신발은 절친이 되어
신나게 노래한다
'괜찮아'
'예쁘다'
'멋지다'

발목은 속삭인다
한 걸음이 지옥이라고

넘어지는 순간조차
감사함으로 채워간다

언니에게

우리 방
책상 두 개
책장 두 개
침대 두 개를 배치할 그 공간에
설렘이 가득해져

언니와 나
매일 밤 수다를 떨며
별빛 아래 잠들던 그 순간들이
내 마음에 꽃처럼 피어

때론 사소한 다툼에
잠시 멀어져도
각자의 헤드폰 속 음악에
빠져들던 날들도 올 거야

그래도 언니
우리가 곁에 있다는 것만으로
내 세상은 따뜻한 햇살이 되고

행복이 노래가 돼

햇살이 속삭이는 오후
함께 청소하고
방문에 그림을 걸며
우리의 아지트가
조용히 꿈을 꾸는 곳이 돼

언니
잘 부탁해
내 곁에 살아줘서
진심으로 고마워

아픔이 나를 간질일 때

가시에 찔렸어
피가 조금 났는데
웃음이 났어
'아, 내가 살아 있구나'

넘어져 무릎이 까졌어
흙먼지가 묻고 따끔했지
근데 이상하지?
눈물보다 웃음이 먼저 나왔어
아픔은
톡, 톡!
내 마음을 건드리는 손가락
간질이듯 조용히 말해 줘

이만큼 더 컸다고
어제보다 조금 더
단단해졌다고
그래서 아픔이 싫지 않아

가끔은
조금 기다려
조금 더
나답게 만들어줄 테니까

단단한 척

아팠어
말하지 않았어
말하면 다들
조용해지니까

울었어
숨겼어
눈물 보면
사람들이 피하니까

웃었어
입꼬리를 꺾고
두 귀까지 올려서
진짜처럼 만들었어

이제는
슬픈 일이 생겨도
배꼽 잡고 웃을 수 있어
진짜 웃는 것처럼

아픔이 너무 많으면
이상해져
나는 그걸 느꼈어
너무 많이 아프면
아픔이 하나도 안 아파

그냥
내 마음이
돌 대신
거울이 돼버렸어

비추기만 할 뿐
느껴지진 않아
그게 더
편하니까

꿈

왼쪽, 오른쪽 다리
내 맘처럼 움직이지 않지만
하늘을 보고
바람을 느끼며 달리고 싶어

운동장을 쌩쌩 뛰어
다닐 수는 없지만
내 마음은 누구보다 빠르게
구름을 따라 날고 있어

손을 뻗으면 닿을 것 같아
저기 반짝이는 별 하나
'나도 할 수 있어'

그 날을 꼭 만나고 싶어
오늘도 꿈을 꿔

내 몸과 마음이
세상을 자유롭게
안아줄 그날을

눈물의 씨앗

내 마음에
눈물의 씨앗 하나

슬픔이 비처럼 내리면
조용히 싹을 틔운다

햇살이 웃어도
그늘진 구석에 숨어서

바람이 불면
흔들리는 잎처럼
내 마음도 흔들린다

시간이 지나면
그 씨앗도 자라
꽃이 될 수 있을까

아픔도 언젠가는
아름다움이 될 수 있을까

검은 미소

있잖아
달과 어둠과 바람이
꼭꼭 껴안아
눈물이 되었대

외로운 오늘 밤
소망과 인내와 사랑이
꼭꼭 껴안고 있어

가시에 찔려도 괜찮고
흙구덩이에 빠져도 괜찮아
그래도 웃을 수 있으니까

마법의 그네

나는 꿈꾼다
집 마당 그네에서

하늘 위로 날아오르는
마법의 그네

하나님을 만날 수 있을까
건강해지는
마법의 약을 얻을 수 있을까

몸 구석구석
모든 아픔이 사라진다면

죽을 힘 다해
날아볼 거야

꿈

가족 너머
이웃 너머
바다 뒤 마을
그리고 나

오늘도
안고 서야 할 행복
곁에 있는 사람들
커져가는 사랑

의사 놀이

나는 친구들에게 말해
-너 cmt 완치돼서 병원 안 와도 돼
-너 파킨스 완치돼서 병원 안 가도 돼

친구들이 대답해
-와 신난다, 이제 자유다
너희들이 좋아하니 나도 좋아

그때 나를 부르는 진짜 선생님 목소리

놀이가 끝났다

커다란 사랑

내가 사랑을 던졌을 때
너는 별 캔디를 주었지

그때는 몰랐어
추억의 맛을

아직도 내 머릿속을
스치는 그 달콤함을

그 맛 하나가
계속 장난치며

내 마음에 머무를 줄은
몰랐지

제2부

꿈 한 컬레

고무줄에 묶인 나

고무줄에 묶인 나를
아무도 돌아보지 않았어

혼자 남아
옷장 안에서 이사 간 친구에게 편지를 써
- 다시는 만나지 말자고

큰 숨을 내쉬며
옷장 문을 열고 나와
나를 휘감은 고무줄을 풀었어

그리고 사다리를 타고
세상의 벽을 올라갔어

넘어져본 사람은

매일 넘어지는 사람은 안다
넘어진 자리에 남는
푸른 멍과
지워지지 않는 상처들을

땅에 박힌 돌처럼
몸속 어딘가에도
단단한 고통이 박혀 있다는 걸

그 돌들이
다시 나를 넘어뜨린다는 걸

자꾸만 넘어진 사람은 안다
몸보다 더 쉽게 멍드는 곳은
마음이라는 걸

그 멍이
언젠가 새카맣게 번져
무너지지 않기 위해
또 일어나야만 한다는 걸

일어설 수 있다고

주저앉아 본 사람은 말한다
결국 바닥은
치명적인 슬픔이라고

인생은 잔인하지만
찢어지는 아픔을 걸어가야
새 줄기가 이어진다고

삶은 추악한 현실이지만
깨진 유리 쓸어 안고
울지 말라고

바닥까지 넘어져야만
다시 일어설 수 있다고

아픔을 딛고 일어서려
마음을 다독이는 사람들도 말한다

더 이상은
넘어지지 않기를 바란다고

장마

요즘 하늘
눈물 감추질 않네
억수로 쏟는 비
땀방울 같은 소리
뚝뚝뚝

젖은 바지
오줌 싼 줄 알겠네
축축~ 진득~

길 걷다 물방울
신발로 툭툭 떨어지고
우산 없이 걷는 옷자락
흠뻑 젖어 무겁네
찰랑찰랑~

장마 빗소리
계란 튀기는 소리 같아
타다닥 타다닥

젖은 옷과 머리칼
차갑고 미끌미끌~

나는 약해도

나는 약해도
알잖아
아픔이 있어야
행복을 안다고

눈물로 꽃잎을
병들게 하지 않아
희망이 있어 삶이 있고
꿈이 있어 소망이 있다

피할 수 없다면
즐겨봐

잔인한 가위에
꽉 눌려도
난 웃을래

가시에 맺힌 눈물은
바람에 흩어지고

그 상처 하나하나 자리에
꽃은 활짝 피어날거야

산다는 건 그런 거지
어떤 이름도
깨끗하게 지우내는 것

내 모습 그대로를
사랑해 주는 것

내가 만난 기쁨

뜨거운 햇살이 팔짝
현관문을 넘어
내 방까지 쏙 들어왔어

뻐꾸기가 뻐-꾹,
그네 위에서 노래하면
바람은 방긋 웃으며
살짝 장난을 치지

선풍기는 달칵!
돌아가다 멈추곤
햇살처럼 말썽을 부려

여름은 긴 방학을 낳고
나도 한껏 자유로워져

뙤약볕이 심술을 부려도
내게는 허락된 기쁨, 팔짝!

여름은 또 오네
세월처럼
살며시 다가와서

주님께 드리는 내 마음

내 발끝은
세상보다 느리게 움직입니다

그러나 주님
당신의 사랑은
누구보다 먼저
내게 다가오셨습니다

태어날 때부터
조심히 걸어야 했던 날들
넘어질까 두려웠던 매순간
주님의 손이
내 등을 받쳐 주셨지요.

사람들은 묻습니다
'왜 그런 병을 앓느냐고'

그러나 주님
이 연약함이

주님의 빛을 드러내는 통로임을
제가 압니다

보조기에 기대어 천천히 걷는 걸음도
주님 눈에는
찬양의 춤이 되고
기도의 발걸음이 됩니다

통증이 밀려와
내 마음이 무너질 때면
나는 십자가를 바라봅니다

그곳에서 가장 아프셨던 주님이
나를 껴안아 주시니
두렵지 않습니다

주님,
이 병도, 이 모든 것 또한
당신의 선하신 계획 안임을 믿습니다

오늘도 내 아픔을 품에 안고
감사로 주님께 나아갑니다

이 몸과 이 마음
그리고 느린 내 모든 걸음까지
주님께 드립니다

내 생애 가장 깊은 고백으로
'주여, 내 삶을 받아 주소서.'

나는 하나님의 선물이에요

나는
조금 느린 사람이에요

천천히 걷고
매일 넘어지고
길 앞에 서면
잠시 숨을 고르죠

그런 나를
사람들은 '약하다'고 말하지만
하나님은
'너는 나의 강한 작품이야'
말씀하시죠

내 근육은 약해도
내 마음은 단단하고
내 발은 흔들려도
내 믿음은 흔들리지 않아요

주님
내가 넘어질 때마다
손 잡아주셔서 고마워요
내가 울고 싶을 때마다
주님은 나보다 먼저 우셨지요

다른 사람들보다
조금 느리게 걸어도
나는 주님의 걸음에 맞춰
가장 아름다운 길을 걷고 있어요

CMT라는 이름 아래
나는 숨지 않아요

내 이름은
'하나님의 기적'이니까요

여름 발바닥

햇살이 웃는 아침
발바닥이 먼저 나가요
샌들 위에 쏙!
'오늘은 내가 주인공이야!'

노란 모래가 간지르면
발가락이 킥킥 웃고
작은 물웅덩이 만나면
첨벙! 춤을 추지요

땀방울도 반짝이는
여름의 보석 같아요

발끝으로 느끼는 계절
나는 지금
여름을 신고 있어요

하얀 샌들

햇살이 방긋 웃는 아침
작은 발에 신긴 하얀 샌들

사각사각 모래길 따라
방울방울 웃음이 피어요

하얀 샌들 콩콩 뛰면
민들레도 깔깔 웃고
나뭇잎도 살랑살랑 인사해요
'안녕, 좋은 날!'

신기만 해도 마음이
하늘처럼 가벼워지는

내 발끝의 작은 햇살
바로 너야
하얀 샌들

수중한 한 표

조용한 면사무소
길 따라 줄지어
마음을 모아요

종이에 꾹
종이 뒤에
내 마음이 찍혀 나가요

작은 한 칸
고요한 선택이
내 목소리가 되어 퍼져요

아빠는 웃고
나는 속으로 크게 말해요
'선택이 나라를 세우는 일'

손가락만 한 표지만
마음속 한 뼘
더 자라나요

꿈 한 켤레

엄마가 눌렀다
손가락 하나로 뽀로롱!
주문 완료!

하얀 샌들
반짝이는 꿈 한 켤레
택배 상자 속에서
내게로 달려오는 중!

내 발은 벌써 들썩들썩
거울 앞에서 연습 중
왼발은 봄
오른발은 여름!

하얀 리본에
햇살 한 줌 묶고
첫걸음은 꽃길이 될 거야

내 마음은
벌써 신었다!

무지개 빛

생애 첫 브릿지
처음 해본 나

화사한 옷처럼 색을 입힌
환상의 기적!
옷장을 열자
치마, 스타킹, 원피스, 반티…
쏟아지는 향기 잔치

한 번 입어 보니
발과 다리에 날개가 달려
샤잉, 샤이닝!
날아드는 행복 소리

밝은 옷과 어두운 옷이 어우러져
내 마음의 색도 맑아졌어

오늘은
브릿지와 친구 된 날
세상에서 가장
신나는 날!

치토스의 오후

햇살은 사르르 녹고
내 손엔 주황빛 마법 한 봉지

치토스가 사뿐히 웃으며 말해요
'오늘은 바삭하게 살아보자고!'

툭, 소리 내며 열리는 봉지
고소한 냄새가 바람처럼 달려나와
내 마음 속 걱정 하나, 둘
깨물어 부숴요. 크런치!

손끝에 묻은 작은 주황빛
세상에서 가장 귀여운 흔적이죠

바삭 한 입, 웃음 두 입
이 순간 일상은
과자처럼 가볍고 달콤해요

그렇게 나는
작은 기적을 씹어요

치토스, 너는 진짜
과자계의 햇살이야

넘어지는 연습

길을 걷다, 쿵
무릎에 별 하나 박혔어

괜찮아, 난
넘어지는 게 좋아

하늘이 한 번 더 가까워지고
땅이 내 이름을 불러주거든
'또 왔구나?'

흙이랑 친구 먹고
돌멩이랑 농담도 해

사람들은 말해
'조심해, 아프잖아!'
그래도 난 웃어

넘어질 때마다
세상이 살짝 뒤집혀서
진짜 속마음을 들려주거든

오늘도
발끝에 실수 하나 걸고
내일을 넘어뜨릴 준비 중이야

넘어지는 건
비밀스러운 놀이 같아
살짝 아픈
그래서 더 웃음 나는

바다 위의 바람

바위 틈에 핀 풀꽃 하나
흙도 없이 자라나네

바람 따라 흔들리며
조용히 노래를 부르네

'아파도 괜찮아, 괜찮아
내 뿌리는 깊으니까'

지나가던 새가 물었대
'왜 그렇게 아픈 노래를 해?'

풀꽃은 빙긋 웃으며 말했어
'그 노래가 나를 살렸거든'

바람은 그 노래를 품고
멀리멀리 날아갔대

제3부
내 안에 작은 빛

아픔이 좋아

쓸쓸함은
혀끝에서 천천히 녹는다

쓴맛인 줄 알았는데
어느샌가
단맛처럼 익숙해졌다

고요한 밤
아픔은 조용히 찾아와
내 안을
천천히 핥는다

잊고 싶은 일일수록
왜일까
더 오래 곱씹게 된다

지금도
아픔을 혀끝에 올려
조용히 감상한다

춤추는 발목

발목이 꺾였어
처참히 꼬였어

툭, 아야—
그래도 멈출 수 없어

미끄러지듯
가슴을 때리는 두 발

찢긴 심장은
아파도 방긋 웃고

이건 내 춤이야

미소가
발끝에서 피어나고
통증은 리듬이 돼

눈물이 반짝이고
기쁨이 발목을 감싸 안았어

나는 오늘도 춤을 춰
삐끗한 발목으로
하늘을 향해 뛰어

아프지만
참 행복해

우리의 선택

엄마는 말했어
한 표가 세상을 바꾼다고

아빠는 말했어
마음으로 기도하며 찍어야 한다고

엄마 아빠에게 배웠어
나라의 주인은 국민이라고

어떤 사람이 바르고
정직하며
우리나라를 아끼는지

어떤 약속이
정말 우리를 위한 건지
거짓은 아닌지 잘 모르겠지만

이 나라 국민의 마음은
하늘에서 뚝 떨어진 표가 아니야

바로 그 한 표 한 표가
조용히, 깊게
꽃처럼 피어나는 거라고.

꺾인 나무

아침이면 무겁게
딱딱한 쇠살갗에 매여
한 걸음 내딛는 것도 두려워

속삭이던 내 작은 마음
길 위에서 숨이 막힐 때

한밤의 별빛조차 외면한 채
울먹이며 서 있던 다리 위
서러움만이 흘러내린다

멀어져 가는 친구들의 소리
바람마저 등을 떠밀어 주지 않고

내 안의 눈물 녹아내려
흐릿한 흔적만 남긴다

그래도 나는 알아
끝내 함께 웃을 날이 올 것을

녹슨 한 조각 몸짓 속에도
희망은 여전히 숨 쉬고 있음을

내 안에 작은 빛

내 마음 속에서
조용히 반짝이시는 주님

하나님,
저를 지켜 주시고 도와주소서

질환의 무게에 지쳐
혼자라 느껴지는 순간에도
늘 곁에 계신 주님을
잊지 않게 하소서

내 영혼의 외침이
따뜻한 품에 안기고
그 포근한 사랑이
내 아픔을 감싸 주시기를

힘겨운 날들이 지나고
외로운 시간이 저물어

새벽처럼 다가오는 희망 속에

내 마음에 용기가 움트기를
기도하나이다

내 아픈 발목에게 평안을
상처 위엔 부드러운 사랑을

부족한 모습 그대로
사랑하시고 품어 주시는 주님

그 무한한 사랑과 자비로
내 안의 작은 아픔조차
굳세게 빛나게 하소서

아픔을 이겨내고
따스한 하루가 오게 하소서

그리운 그대에게

별이 쏟아지는 어두운 밤
고요히 스며드는 달빛 아래
그대의 웃음소리 바람에 실려
내 마음을 살며시 간지럽힌다

하루의 끝자락
잊지 못할 추억 속을 헤매며
조용한 그리움은 눈물로 번져
세월의 강물 따라 천천히 흘러간다

멀리 서 있는 그대 모습
가슴 깊이 새겨둔 약속 하나
내 작은 세상에 꽃이 되어
희미한 미소와 따스한 안식으로 피어난다

내 마음은 오늘도 그대를 부르며
속삭임 속에 그리움의 노래를 싣는다
다시 만나리라는 꿈을 품고

그리운 그대여
멀리 있어도 잊지 않으리라

소호동동 다리에서

바다가 웃어요
소금빛 햇살 따라
엄마 손잡고 걷는 길

물빛은 파랗고
구름은 솜사탕 같아요

하늘도 나를 반겨주고
찰랑이는 파도 소리 속에
내 마음도 출렁여요

기분 좋은 바람 한 조각
워커 손 꼭 잡고
엄마 얼굴 바라보며

나는 지금
참 행복해요

함께 걷는 길

조금 느려도 괜찮아
나의 걸음엔 나만의 노래가 있어

왼쪽 발자국
오른쪽 희망

작은 발걸음 속에
시련만이 넓게 펼쳐져
달려온 건 아니잖아

넘어져도 다시 일어나
햇살 같은 웃음을 지으며
우리 함께 손 잡고 걷자

속도가 아닌
마음으로 맞춘 걸음으로
더 담대하게
든든한 친구로
함께 가자

친구를 기다리는 벤치

마당 한쪽
낡은 데크 위에
나 혼자 앉아 있네

거센 바람 불어오기 전까지
가시 덩굴에 넘어져도
난 웃을래

평범한 아이들은
자유롭게 뛰어노는데
나는 긴 고무줄에
얽히고 치인 채 살아가

그제도 넘어졌고
어제도 넘어졌고
오늘도 또 넘어지지만
내 마음엔 꽃이 활짝 피네

바람이 너무 달콤해서

벤치에 앉아
하늘을 바라봐

울지 마, 그네야

마당 뒤, 구석에
말라버린 작은 그네 하나
아무도 놀러 오지 않는 사이
혼자서 조용히, 울고 있네

햇살은 사라지고
찬바람만 스며드는데
아무도 너를 몰라
작은 너의 떨림조차

억센 비바람 몰아쳐도
햇살이 살며시 간질여도
그저 조용히, 묵묵히 웃어볼래

괜찮아
나도 혼자야

그렇게 살며시 속삭였더니

바람이
그 말을 이불 속에
숨겼어

우주

살아간다는 게
별거 있나

자신의 현실을
즐기는 게
행운 아닌가

화살에 맞아도
가시에 찔려도
빛나는 보석처럼

아픔이 벚꽃으로
활짝 피어나듯

그 꽃 사이에서
활짝 웃고
시련 속에서도
희망을 찾아
길을 걸어야 해

괜찮아, 괜찮아
그냥 즐겨
영원히
영원히

꽃이 피듯

인생이 꽃피듯 즐거워
아픔이 있어야 더 반짝이니까

넘어지고 깨져도
한 번, 두 번 일어나면 돼
나는 상처 많은 해바라기
따스한 봄이 다가와 웃을 때까지

봄바람에 실려
내 마음은 몽롱히 떠오르고
쾅— 넘어질 때마다
그곳에서 나의 꿈을 찾아내지

발을 구르며 웃을 거야
넘어져도 재미있게 웃을 거야
아픔을 즐기며 노래하는 작은 나비
가시에 찔려도 꽃은 피어나니

시련은 초콜릿처럼 달고

넘어짐은 이제 두렵지 않아
즐거운 인생은
활짝 꽃피는 것처럼 빛나리

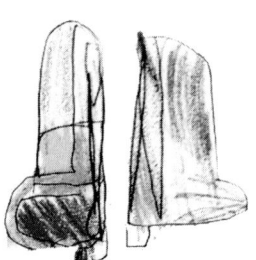

제4부

길 위에서

미용실

아줌마가
웃으며 건네준
황갈색 머리카락

거울을 보면
아줌마의 눈빛처럼
빛나는 소망의 씨앗들
반짝이고 있어

봄에 만난
예쁜 머리카락을 보며
가벼운 몸으로 시작한 3월

나는
세상에서 가장
예쁜 사람이고 싶다

여행을 떠나리

아침
산책하며
자유로운 세상 속
노래를 듣네

태양을 향해
미래를 향해
나는 천천히
걸어가리 —
병원으로

오후
지겨운 운동
아픈 통증도
웃으며 견디리

익숙한 길 따라
치료실 찾아
환자들 사이로
여행을 떠나리

이상한 냄새
짭짤한 외로움
기구를 타고
또다시 떠나리

조용한 병원
찬 통증이
가만히
나를 찌르지만

기도하리
참으리
그리고
여행을 떠나리

수다

집 앞 그네엔
쌍둥이 수다가
차갑게 녹는
아이스크림처럼
달달하다

설탕 가루 솔솔
바삭한 과자는 덤
한 입 베어 물면
내 볼엔 눈꽃
한 송이, 두 송이
피어난다

'음음' 소리는
창밖을 타고 나와
그네로 걸어가
눈꽃 공원이 되었네

얼마나 신이 날까?

금방 아이스크림
다 먹어도
또 꺼내 먹는
못 말리는 친구

겨울방학

좋아하는
아이들의 얼굴처럼
반짝반짝 빛나는
겨울방학

너무 빨리 지나가서
잡고 싶어도
손 사이로
사라져 가네

꽁꽁 얼려
냉동실에 넣어 두고 싶어
그렇게라도 멈추고 싶은 시간

시간이 가지 않아
내일이 오지 않는
먼 곳으로
천천히 머무르고 싶어

눈 내리는 창가에

따뜻한 차 한 잔과
조용한 웃음이 함께하는
겨울의 기억

친구야

친구야,
너는 아니?
장애인과 비장애인 모두
특별한 존재라는 거래

한 생명이 태어날 때
모두가 아름다운 거래

친구야
질병으로 아파도
웃으며
너에게 가고픈 마음 아니?

이불 속에 숨겨진
내 눈물이
한 줄기 새싹이 되는 거 아니?

우리 눈에 다 보이지 않고
우리 귀에 다 들리진 않지만

이 세상엔
아픈 현실과
외로움이 많다고

모두가 행복하기 위해선
서로를 배려하고
존중해야 한다고

길 위에서

장애인은
더디고 부족해서
더 예쁘지

나의
가는 길이
조금 다르면 어때

더딘 길로
꿈을 펼치고
내 빛깔로
좁은 길을 간다

피도소리

경포대 앞 바다엔
찬바람이 날카롭게 불고
아이스크림 같은 파도는
달콤하게 녹아내린다

엄마의 향기 솔솔 불어와
친구가 없는
작은 외로움도 함께
날려버린다

파도 소리를 들으면
속이 뻥 뚫리고
푸른 물결이
여러 군데로 퍼져나간다

찬바람은
횟집 창틈을 타고 나와
물결이 된다

이렇게 행복할 수 있을까?

외계인

친구가 곁에
있는지 없는지도
모를 때가 있어

외계인처럼
얼굴만 바뀔 뿐

나는
외로움을 감싸 안고
조용히 젖어간다

질환이 나를
무너뜨린 줄도
몰랐는데

외계인으로
태어난 삶

인생이 참
외롭다

사람들은 말하지
그 삶도
보석처럼
예쁘다고

샤워

지친 하루가
치유되는 시간

몸이 아픈데
안 아픈 것 같은
이상한 날
나는 샤워를 한다

찬양이
잔잔하게 퍼지고
소리 없는 비누와
뜨끈한 물줄기 따라
몸과 마음이
조용히 풀려간다

거품은
안개가 되어
나를 춤추게 하고
그 순간만큼은

행복이
피어오른다

간절한 소원은
이뤄진다고
그 말을
한 번도
믿지 않은 적 없다

'건강해지고 싶어요'
속삭이듯 말하며
입을 닦고
몸을
조심히 닦는다

가족

우리 집엔
식구들의
뜨거운 수다가 있어

여러 모양으로 구워진
달고나처럼
달달하지

뜨거운 사랑 가루
솔솔 뿌려지고
매서운 아빠의 목소리는
평화의 불

한 입 베어 물면
가족들의 얼굴에
솟아나는 사랑이
저 바다 끝까지
넘쳐 흘러

웃음 소리는
방문을 뚫고 나와
온 집안을 채운다

나는 내가 좋다

내 자신이
미울 때도
싫을 때도
가끔 있지만

솔직히 말해
나는 내가 좋다

질병이 있고
내면의 상처도 있지만
그래도
나는 나를
사랑한다

복 받은 사람이라서
소중한 존재라서

엄마가
아기를 돌보 듯
내 자신을
보듬는다

분노

악한 권력이 지배하는
안전하지 않은 세상
어떻게 숨 쉬고 살아야 할까

거짓의 말들로
짓눌린 이 나라
못된 정치가들이 만든
지옥 같은 현실

이곳이 정말
내가 살아야 할 세상이라는 게
너무 두렵고,
너무 싫다

내란의 불꽃이 터지고
공포는
점점 무섭게
다가온다

주님
도와주세요
안전한 나라
찾을 수 있도록

못된 국민들
이제는 깨어나
잘못을 뉘우치게 하소서

나라를 위한다는 이들이
자기 욕심으로
이 땅을 짓밟은 것
참을 수 없습니다

국민이
안전하게 살아야 할
세상이 되어야 합니다
그러지 못한 현실은
분노를 넘치게 합니다

주님
제발
대한민국을
구원해 주세요

구원

나는 참
복 받은 사람이었어

공부할 수 있는
따뜻한 집이 있고

치료받을 수 있는
병원이 있고

사랑하는 사람과
함께 걸어갈 수 있다는 건

참, 감사한 일이야

하나님을 만나
매일 전해지는
은혜의 말씀에
마음을 기울이고

묵상하고
예배드릴 수 있다는 게
나는 정말
행복해

이 모든 것
하나님이 주신
축복받은 선물

사랑

지평선 너머
어느 단독주택
따뜻한 집 한 채
포근한 방이 있다

푹신한 엄마의 품은
세상의 어떤 침대보다도
편안하고 따뜻해
그 안에 안기면
마음이 쉬어간다

뜨거운 온수가
끝없이 흐르듯
가족의 사랑도
조용히, 끝없이 흐른다

햇살은 창문을 타고
살며시 방 안을 채우고
바람은 살랑이며
가벼운 노래를 부른다

우리 집
그 안에 모인 가족들은
서로의 미소를 닮아
작은 이야기들이 모여
하루를 밝히는 빛이 된다

가족을 태운 우리 집은
반짝이는 물결을 타고
넓은 세상으로
조용히 나아간다

커다란 사랑

내가 사랑을 던질 때
너는 별 캔디를 주었지

그땐 몰랐어
그 달콤한 추억의 맛을

아직도 내 머릿속에
스치는 그 맛
차마 몰랐던 기억이
그 추억의 한 조각이

계속 내 머릿속에서
장난치는 줄은
정말 몰랐어

여름과자

뜨거운 태양 아래
여름 오븐 속 과자가 구워진다

달콤한 향기가
사방으로 퍼지고
조용히 기다리던 과자가
펑! 하고 터진다

알록달록 색깔
맛도 좋고
향기도 좋다

한 입 베어물면
여름의 뜨거움 속에
달콤함이
쏟아지는 것처럼

시장에 갔더니

엄마를 따라
시장에 갔더니
건강한 눈과
튼튼한 다리를 가진 사람들이 보였다

마트로 걸어간
엄마와 나는
예쁜 눈도 사고
가벼운 다리도 샀다

어머나!
앞이 환히 보이고
어디든 마음껏 갈 수 있는 다리가
노래에 맞춰
춤도 잘 춘다

아빠를 따라
시장을 또 갔더니
예쁘게 척추가 펴진
학생을 만났다

어머나!
너는 허리도 예쁘구나
우와, 부럽다

나도 이 무거운 몸을 벗어나
캄캄한 길을 지나
빛나는 세상으로
자유롭게 걸어가고 싶다